Der Schatz des Trollkönigs
Ein Abenteuer in Schweden
Kunst in Gefahr
Ein Abenteuer in Frankreich
Das Geheimnis der vier Tempel
Ein Abenteuer in Vietnam
Die Suche nach den Großen Fünf
Ein Abenteuer in Botswana
Nie
Waschen
Ohne
Seife
Nach und nach erkunden B-OB Coddiwomple
und die Weltenbummler Kids die ganze Welt.

Für

Maya, Ella & Finn

Wir wollen, dass die Welt schön bleibt.

Waldneutral

Wir sorgen dafür, dass mehr Bäume gepflanzt werden, als wir für unsere Bücher verbrauchen.

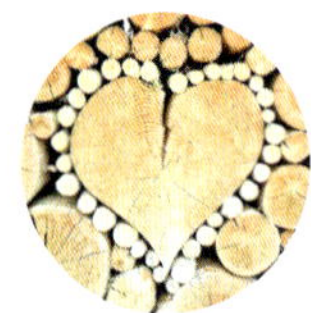

FSC® Siegel

Wir drucken auf FSC® Papier, das aus verantwortungsvoller Waldwirtschaft stammt.

Klimaneutral

Wir drucken in Deutschland und kompensieren den CO2 Ausstoß durch Klimaschutzprojekte.

Plastikverzicht

Wir achten auf Müllvermeidung und verzichten auf Plastikfolie als Verpackung der Bücher.

Weitere Informationen zum Thema *Nachhaltigkeit* findest du auf unserer Homepage: www.weltenbummlerkids.de

B-OB Coddiwomple und die Weltenbummler Kids (Band 1)
„Nie Ohne Seife Waschen"
- Ein Abenteuer in Deutschland -
Autor: Benjamin Wallenborn / Illustrator: Filip Lazurowicz

ISBN: 978-3-98598-001-7

4. Auflage: Januar 2026

Lektorat: Jennifer Kärnbach
Druck und Bindung: Grafisches Centrum Cuno GmbH & Co. KG, Calbe
Bilder von Anni Beier/Sweet North, Pixabay und privat aufgenommen.

und die

Weltenbummler Kids

to coddiwomple

[ko-di-womm-pell]

(v.) to travel in a purposeful manner towards a vague destination

„Das entschlossene Reisen zu einem noch unbekannten Ziel."

(Frei übersetzt aus dem neuseeländischen Englisch.)

Inhalt

Unsere Weltenbummler

B-OB Coddiwomple

(gesprochen *Bob Koddiwommpel*)

B-OB ist alt… so richtig alt… Und B-OB war schon überall. Er hat die ganze Welt gesehen und dabei, egal wo er war, neue Freunde gefunden. B-OB ist die Ruhe selbst und hat guten Rat für jeden, der ihn hören möchte.

Er ist auf jeden Fall kein gewöhnliches Wohnmobil, sondern hat einige Tricks auf Lager. Ob in der Luft, zu Wasser oder in den Bergen, B-OB kommt mit seiner Spezialausrüstung überall zurecht.

Line

Line möchte sein, wie sie ist: spontan und abenteuerlustig. Sie will raus in die Welt und Neues entdecken! Wenn sie mal nicht unterwegs ist, sitzt sie vor ihrer Weltkarte und plant schon die nächste Reise.

Die beste Laune hat Line, wenn sie etwas erleben kann. Wenn sie ihre Eltern und Freunde mit ihrer Rastlosigkeit in den Wahnsinn treibt, ist das nicht so wild, weil Line am Ende ihren Dickkopf mit einer großen Portion Charme eh durchsetzt.

Benni

Benni hatte seine Nase schon immer tief in Büchern stecken. Für ihn besteht die ganze Welt aus wissenswerten Dingen und spannenden Geschichten.

Weil Benni gerne sitzt und liest, ist er nicht immer der Erste, der sich in ein Abenteuer stürzt. Trotzdem ist er niemand, der sich hinter seinen Büchern versteckt, sondern ist schlagfertig und weltoffen. Sein Wissensdrang treibt ihn hinaus, um das Gelesene in der Realität kennenzulernen.

Ein langweiliger Tag

Es war ein langweiliger Tag.
Nein.
Es war DER langweiligste Tag.

Sicher, es war ein schöner Tag. Die Sonne schien. Es war warm, aber nicht zu warm.

Die Bienen summten in der Luft und kein einziges Krabbeltier kam auf die Idee, ausgerechnet auf dem Jungen herumzukrabbeln, der da im Schatten sein Buch las.

Und auch sonst war es wirklich ein ganz wunderbar angenehmer Tag, an dem aber auch einfach GAR NIX los war.

„Warum passiert hier eigentlich nie etwas auch nur ein bisschen Spannendes?!", krakeelte eine Stimme über die Felder.

„Zum Beispiel könnten uns ja mal Außerirdische entführen! Und mit zu ihrem Planeten nehmen!", forderte die Stimme.

„Oder WARUM finden wir nicht einfach eine Zeitmaschine? Ist das denn zu viel verlangt? Wir könnten Cowboys besuchen! Oder Ritter!!! Du magst doch Ritter, Benni. Dann könntest du endlich rausfinden, wer stärker ist, Musketiere oder Ritter!"

„Mmmmmh…", murmelte es aus dem Schatten des alten Apfelbaumes hervor.

„Mmmmmh...?!? Das ist alles, was dir dazu einfällt? Wie wäre es, wenn ich dein doofes Buch nehme, auf den Baum klettere und es auf dem höchsten Ast festbinde, wenn du jetzt nicht sofort mit mir auf Abenteuersuche gehst?“, drohte Line.

Line ist Bennis beste Freundin und er wusste, dass mit ihr nicht zu spaßen war, wenn es um Abenteuer ging.

Er rollte die Augen weit nach oben, seufzte tief und klappte sein Buch behutsam zu. „Also erstens lebten Ritter und Musketiere nicht zur gleichen Zeit“, erklärte Benni, „und zweitens erlebe ich gerade schon ein Abenteuer in meinem Buch. Aber ok, was wollen wir denn Spannendes machen?“

Line lächelte verwegen: „Heute trauen wir uns endlich in die **VERBOTENE SCHEUNE!**“, sagte sie mit breiter Brust.

„Die verbotene Scheune?!?!“, japste Benni, so dass sich ihm die Brille auf der Nase umdrehte. „Auf keinen Fall!!! Es ist verboten, in die verbotene Scheune zu gehen. Das weißt du genauso gut wie ich!“

Falls Line je Zweifel an ihrer Idee hatte, verschwanden diese sofort mit Bennis Protest. Provozierend sagte sie: „Na, wenn es nicht verboten wäre, hieße sie ja auch *Die erlaubte Scheune* oder *Die langweiligste Scheune der Welt*, in der niemand ein Abenteuer suchen muss. Manchmal verstehe ich dich nicht...“

Line forderte ihren besten Freund heraus: „Du kannst noch so abenteuerliche Bücher lesen, wirklich erleben kannst du echte Abenteuer aber nur, wenn du auch mal deinen Hintern hochbekommst."

Wieder seufzte Benni. Line hatte wohl oder übel recht. Er verpackte das Buch sorgfältig in seiner braunen Umhängetasche und stand auf, all seinen Mut zusammengenommen, bereit für ein Abenteuer.

Bereit für die **VERBOTENE SCHEUNE!**

Die verbotene Scheune

In einem Wäldchen, nicht weit von den zwei Freunden entfernt, lag die verbotene Scheune. Wieso die Scheune verboten war oder weshalb niemand sagen konnte, wem sie gehörte, wussten die Leute genau so wenig wie, warum diese Scheune immer so gruselig im Halbdunkel lag.

Ein mulmiges Gefühl überkam Line und Benni, als sie sich der alten Scheune näherten. Mit großen Augen und wandernden Blicken schlichen die beiden durch das dunkle Tannenwäldchen zu der Lichtung, wo die verbotene Scheune auf sie wartete.

„So! Da ist sie!“, stieß Benni mit zusammengepressten Zähnen und einem wenig überzeugenden Lächeln hervor. „Toll, dass wir endlich mal hier waren. Echt eine gute Idee von dir! Können wir dann jetzt wieder gehen?“

„Gehen? Wohin denn?“, wunderte sich Line. „Wir sind doch gerade erst gekommen! Außerdem wollen wir doch endlich rausfinden, was für Geheimnisse die verbotene Scheune in ihrem Inneren verbirgt.“

Sie kletterte auf einen moosbedeckten Felsen und spähte zu dem dunklen Gebäude hinüber. Natürlich war auch ihr mulmig zumute. Ihre Neugierde hatte ihr bis jetzt aber noch jedes Mal den nötigen Mut gegeben, um ihre Angst zu überwinden.

„Das Tor scheint verschlossen zu sein", sagte Line, während sie von ihrem Ausguck heruntersprang. „Vielleicht kriegen wir es ja irgendwie aufgestemmt. Komm, wir suchen ein paar dicke Stöcke!", rief sie und verschwand im Wald.

Mittlerweile wurde auch Benni von Lines Neugierde angesteckt. Er würde sich auf keinen Fall die Gelegenheit entgehen lassen, ein Geheimnis zu lüften. Während Line den Wald nach Stöcken durchsuchte, wanderte Benni nachdenklich um die Scheune herum.

Plötzlich rief er: „Line! Ich habe einen Weg gefunden! Ich hoffe, du kannst dich schön klein machen." Benni schmunzelte und zeigte auf ein Loch auf der Rückseite der Scheune.

Line lachte. „Ich hab's doch gewusst! Du bist nämlich genau so neugierig wie ich! Komm, wir stürzen uns ins Abenteuer." Sie tauchte kopfüber unter den Brettern durch und verschwand im Innern der Scheune.

Benni zog aus Überraschung über den schnellen Abgang die Augenbrauen hoch. Dann atmete er tief durch, rückte seine Brille zurecht und kroch vorsichtig hinter Line her.

„...Hallo...?“, hallte Bennis Stimme durch die Dunkelheit. Keine Antwort.

„Halloho...!“, rief er noch mal: „Line...?“

„Hallo? Benni? Wo bist du? Ich sehe hier nur schwarz!“

Eine neue, unbekannte Stimme ertönte in der Dunkelheit und ließ die Luft vibrieren: „Haaallooo?“

Line und Benni sprangen vor Schreck in die Luft.

Die neue Stimme klang wie warmer Kakao nach einem Tag im Schnee. Warm und gemütlich, aber tief wie ein Nebelhorn. Trotzdem. „Wer, verflixt nochmal, war das?“, fragten sich die beiden Freunde.

„Wer, verflixt nochmal, ist da?!?“, rief Line in die Dunkelheit.

„Tu mir doch bitte einen Gefallen“, vibrierte die Stimme, „und taste dich mal an der Wand entlang. Irgendwo dort müsstest du einen Lichtschalter finden. Bist du so lieb und machst den mal an?“

Benni hörte Line durch die Dunkelheit tapsen. Plötzlich schepperte es. „AUA!“, fluchte Line. „Die Wand habe ich schon mal gefunden. Fehlt nur noch der Lichtsch… hab ihn!“

Es klackte und die Scheune war lichtdurchflutet. Line und Benni blinzelten und drehten sich zu der Stelle um, von wo sie die Stimme gehört hatten. Ihnen bot sich ein erstaunlicher Anblick…

Neue Freunde

Vor ihnen stand ein Wohnmobil. Eine dicke Staubschicht bedeckte die Beulen und Flicken, die seine hellblauen und cremefarbenen Streifen unterbrachen.

Eine antike Reisetruhe war auf seinem Dach festgeschnallt. Aufkleber aus den verschiedensten Ländern der Welt schmückten sie. Aber das Erstaunlichste war, dass das Wohnmobil Line und Benni freundlich anlächelte.

„W-w-wer b-b-bist du?“, stotterte Benni, nachdem er seinen Mund wieder zubekommen hatte. Er konnte nicht ganz begreifen, was er da vor sich sah. Dieses verrückte Gefährt mit den hawaii-gemusterten Vorhängen und seinen glänzenden Chromfelgen.

„Oh! Wie unhöflich von mir. Da rufe ich einfach in die Dunkelheit, und dann stelle ich mich nicht mal vor, nachdem ich euch einen solchen Schrecken eingejagt habe. Gestatten, ich bin **B-OB Coddiwomple*** ! Steht auch hier unten auf meinem Namens- und Nummernschild.“

*Gesprochen "Bob Koddiwommpel“.

„B-OB Coddiwomple...", wiederholte Line leise lächelnd. Sie konnte ihren Blick nicht von diesem fremden Wesen abwenden. Dieser B-OB sah nach etwas aus, was ihr gefiel: nach großer, weiter Welt. Nach Freiheit. Nach Abenteuer!

Line wollte mehr erfahren: „Aber was machst du hier? Und wie kommst du hierhin? Und woher kommst du überhaupt? Bist du ein Außerirdischer?!?", fragte sie hoffnungsvoll.

B-OB lachte so laut und tief, dass es den Kindern im Magen kitzelte. „HA! Du bist neugierig. Das gefällt mir! Aber eins nach dem anderen: Was ich hier mache? Na, ich brauchte einfach mal eine kleine Pause nach der ganzen Reiserei. Diese Scheune schien mir dafür ganz gut geeignet. Die Vögel zwitscherten draußen so friedlich. Zum Einschlafen gibt es doch nichts Schöneres."

Line wurde hellhörig. „Reiserei? Wo bist du denn hingereist? Und..."

Benni unterbrach Line ungeduldig: „Moment mal! Ich möchte auch erst hören, wo genau du herkommst und wie du ausgerechnet in dieser Scheune gelandet bist. Du bist doch nicht etwa wirklich ein Außerirdischer, oder?"

Wieder lachte B-OB so, dass es brummte. „Du bist skeptisch und gibst dich nicht mit jeder Antwort zufrieden, was? Das finde ich ganz wunderbar! Wo ich herkomme? Auf jeden Fall kann ich euch versichern, dass ich kein Außerirdischer bin. Zu den Sternen bin ich noch nicht gereist. Noch nicht...", seufzte B-OB sehnsüchtig.

Er erklärte: „Ich wurde vor sehr langer Zeit in einer kleinen Fabrik, weit weg von hier, gebaut. Seitdem reise ich um die Welt, lebe das schönste Leben, lerne wunderbare Menschen in fremden und vertrauten Ländern kennen und genieße das alles sehr."

Lines Augen strahlten. Noch nie in ihrem Leben hatte sie einen echten Weltreisenden getroffen. „Das klingt so wunderbar!!!", rief sie. „Wo warst du denn schon überall? Bist du schon weit gereist?"

B-OB lächelte: „Oh ja. Ich war schon fast überall auf der Welt. Wie weit ich genau gereist bin, kann ich dir nicht sagen. Mein Kilometerzähler ist bei einer Expedition durch das schöne Panama bei 999.999 km stehen geblieben. Aber jetzt bin ich mal dran mit einer Fragerunde."

B-OB fragte lächelnd: „Wie ich heiße, wisst ihr ja nun. Wer seid denn ihr? Und was macht ihr überhaupt an einem so sonnigen Tag in einer dunklen Scheune?"

Line und Benni scharrten verlegen mit den Füßen. „Mein Name ist Benni. Schön, dich kennenzulernen", sagte Benni.

„Ich bin Line, und...", sie druckste ein wenig herum. „Na, wir haben doch gerade Ferien, aber unsere Eltern müssen arbeiten und haben deshalb wenig Zeit für uns... und weil uns langweilig war, haben wir die verbotene Scheune erkundet..."

B-OB erschrak so sehr, dass alle seine vier Reifen für einen Moment in der Luft standen. „Langweilig?!?", rief er. „Bei all dem, was es da draußen zu entdecken gibt? Ihr könnt doch die wunderbarsten Ausflüge machen! Die Welt entdecken! Fremde Menschen zu Freunden machen!"

„Du hast gut reden", widersprach Line traurig, „aber mit uns verreist ja niemand!
Ich habe schon eine lange Liste von Orten gemacht, zu denen ich gerne fahren würde. Bisher habe ich die aber nur auf meiner Weltkarte erkundet."

„Na, wenn das alles ist, dann nehme ich euch eben mit", erwiderte B-OB. „Mir tut ein bisschen frischer Wind auch mal ganz gut. Ich könnte mir vorstellen, es macht ordentlich Spaß, die Welt durch eure jungen Augen ganz neu zu entdecken."

Nun schaltete sich Benni ein, der aufmerksam zugehört hatte. „Aber wie stellst du dir das vor? Die spannenden Länder sind echt weit weg. Wie sollen wir denn dorthin kommen? Nimm es mir bitte nicht übel – aber du siehst nicht so aus, als würdest du so bald irgendwelche Geschwindigkeitsrekorde brechen."

B-OB schaute Benni erstaunt an. Dann lachte er schallend. „Freches Kerlchen! Erstens, wir brauchen gar nicht weit zu reisen, um etwas Spannendes zu erleben, und zweitens, selbst wenn wir in ferne Länder reisen wollen, ist das möglich. Kommt mal mit an die frische Luft, dann zeige ich euch ein paar kleine Tricks, die ich im Laufe der Jahre gelernt habe."

Aus B-OBs Innerem piepste es und das Scheunentor öffnete sich knarrend.Sonnenlicht durchflutete den fensterlosen Raum und die drei neuen Freunde traten ins Freie.

Die beste Zeit ist jetzt

Die Stimmung draußen hatte sich verändert. Der Wald hatte seine dunklen Schatten und die beklemmende Stille gegen Vogelgezwitscher und freundliche Sonnenstrahlen ausgetauscht.

B-OB Coddiwomple rollte auf die kleine Lichtung vor der Scheune und verkündete: „SO! Jetzt mal aufgepasst und hergesehen. In dieser alten Maschine stecken nämlich noch einige Überraschungen!"

Mit einem lauten **PENG** sprangen B-OB zwei alte Tripeldecker-Flügel aus den Seiten und vorne klappte ihm ein großer Propeller heraus. Den Kindern standen die Münder offen.

Stolz rief B-OB: „Na? Da staunt ihr, was? Ich bin nur etwas eingerostet. Benni! Hilf mir doch mal, den Propeller anzuwerfen. Dann drehen wir eine kleine Runde über den Feldern und Wäldern. Einfach kräftig ziehen!"

Benni wagte sich vorsichtig an den verwandelten B-OB heran und zog den Propeller so fest er konnte herunter. Nichts passierte. Wieder zog Benni.
Wieder passierte… nichts.

B-OB brummelte vor sich hin, als Line rief: „Wartet! Ich helfe euch! Gemeinsam sind wir stark. Auf drei. Eins! Zwei! DREI!!!"

Mit aller Kraft hängten sich die zwei Kinder an den Propeller und zogen. B-OBs Motor hustete und stotterte und mit einem gewaltigen Krach fing die alte Maschine an, sich zu bewegen. Doch etwas stimmte nicht.

Je schneller der Propeller sich drehte, desto mehr schüttelte es B-OB.
Seine alten Flügel wackelten immer stärker, bis schließlich die Schrauben anfingen, sich zu lösen.

Entgeistert sahen Line und Benni zu, wie die alten Flügel sich in ihre Bestandteile auflösten. Mit einem letzten KLACK verhakte sich der Propeller und fiel scheppernd zu Boden. Erstaunt blinzelte B-OB die Kinder an. Die Kinder blinzelten erstaunt zurück.

„Tja. Öh...", stammelte B-OB, „...das, das war ja mal was.... Na, das erklärt das komische Klappern, als ich zuletzt die Linkskurve über Toulouse geflogen bin."*

Line seufzte enttäuscht: „Dann wird das wohl nix mit Abenteuern in fernen Ländern...."

* **Toulouse** (gesprochen *‚Tuhluhs'*) ist eine Stadt in unserem Nachbarland Frankreich.

B-OB wunderte sich, während er die letzten Flügelreste abschüttelte: „Wieso wird das nix mit Abenteuern?!? Pippi Langstrumpf ist auch nicht in der Villa Kunterbunt geblieben, nur weil sie nicht gemütlich ins Taka-Tuka-Land jetten konnte!"

„Na", erwiderte Benni nicht minder enttäuscht, „Pippi Langstrumpf hatte aber eben die Hoppetosse, mit der sie los konnte. Sollen wir uns vielleicht ein Floß bauen oder was schlägst du vor, wie wir um die Welt reisen sollen?"

B-OB schmunzelte wissend und sagte: „Ich habe da noch ein kleines Ass im Ärmel. Passt mal auf!" Er rollte zum Ufer des Teiches neben der Scheune.

Mit einem tosendem **RAKATARAKATARAKATA** verschwanden seine Reifen mit den schicken Chromfelgen, und an ihrer Stelle entfaltete sich ein Bootsunterbau mitsamt Schaufelrad.

Die Kinder starrten B-OB mit großen Augen an. Er rief: „Tjaha, da schaut ihr, was?" und glitt selbstbewusst in den Teich. Plötzlich war ein lautes Gurgeln zu hören.

B-OB fing an, voll Wasser zu laufen und lehnte sich gefährlich zur Seite.

Benni rief: „Vorsicht! Du bekommst Schlagseite! Du bist wohl nicht ganz dicht!“

B-OB schaute empört zu den Kindern, rettete sich aber noch im letzten Moment an Land.

Ströme von Wasser liefen an seinen Seiten herunter. Wie ein begossener Pudel stand er vor ihnen und sagte betreten: „Pöh… ich muss zugeben, vielleicht bin ich ein bisschen aus der Form. Mit einer langen Reise wird das heute eher nichts…“

Er sah in die enttäuschten Gesichter der Kinder. Benni legte tröstend einen Arm um Line. Plötzlich fuhr B-OB auf: „Hört mal, Kinder! Da fällt mir etwas ein. Wie wäre es, wenn ich euch auf eine Tour durch Deutschland mitnähme? Und bei der Gelegenheit besuchen wir ein paar alte Freunde, die mich ein wenig aufmotzen können!"

Line lamentierte: „Eine Tour durch Deutschland? Wie ööööööde! Wir wohnen doch schon in Deutschland. Was soll es denn hier zu entdecken geben? Ich dachte, wir gehen auf ein Abenteuer!"

B-OB schaute Line erstaunt an: „Öde...", murmelte er mit seiner tiefen Stimme. „...,aber... wie kann Deutschland denn öde sein?!? Das Land der Dichter!"

Seine Stimme wurde etwas lauter. „Das Land der Denker! Wo man den ganzen Tag ‚Moin' aber auch morgens ‚Tach' sagt..."

„Wo Musik für Elise und über 99 Luftballons geschrieben wurde! So ein Land kann doch nicht öde sein!"

B-OB schaute Line nun an und lächelte: „Wo Orte Kuchen oder Aua heißen und Leute sich trauen, in Faulebutter und Halbhusten zu wohnen, da ist eine Reise alles andere als öde!"

„Kommt! Wir drehen eine Runde. Ich zeige euch den Norden, Osten, Süden und Westen und bei der Gelegenheit verpasse ich mir ein paar ‚Upgrades', wie die jungen Leute heute sagen."

Die Kinder sahen B-OB mit offenen Mündern an. „So habe ich Deutschland noch nie gesehen", sagte Benni begeistert. „Also, ich hätte schon Lust auf so ein Abenteuer. Was meinst du, Line? Oder ist dir das noch immer zu öde?"

Line schnaufte kurz auf: „Ok, ok! Ich bin dabei. Nie ohne Seife waschen." B-OB stutzte. „Nie ohne Seife...? Na, sauber sollte man natürlich schon auf Reisen gehen, aber ich würde dich auch ungewaschen mitnehmen."

Line lachte. „Nein, ‚Nie Ohne Seife Waschen'. Das ist meine Eselsbrücke für ‚Norden, Osten, Süden, Westen' – alle Teile von Deutschland, die du uns zeigen willst", sagte sie. „Wann soll es denn los gehen?"

B-OBs Türen sprangen mit einem zackigen **WOiNK** auf und er grinste: „Die beste Zeit ist jetzt. Springt auf, schnallt euch an und wir bummeln in die Welt."

„Perfekt!", rief Line. „Ich hole nur schnell meinen Abenteuer-Rucksack und gebe Bennis und meinen Eltern Bescheid, dass wir einen Ausflug machen." Sie flitzte davon und hüpfte wenig später, perfekt ausgerüstet für ein Abenteuer, an Bord.*

Mit einem Satz sprang B-OB in Fahrt, um Deutschland zu erkunden.

* Sollten Kinder einfach so bei Fremden einsteigen? Natürlich nicht! Aber wir kennen B-OB sehr gut und wissen, dass es in diesem einen Fall und ganz ausnahmsweise okay ist.

Die schönste Stadt der Welt

Gemütlich schunkelte B-OB Coddiwomple über die Straßen. Er machte einen zufriedenen Eindruck. Der Wind wehte ihm um die Nase, der Weg lag vor ihm und er und seine neuen Freunde waren frei zu fahren, wohin sie wollten.

„Sag mal, B-OB, wohin geht es eigentlich als Erstes?", erklang Bennis Stimme vom Beifahrersitz.

„Och, ich habe mir gedacht, wir fangen mit **Nie** wie **Norden** an, nämlich in Hamburg. Ich habe da einen alten Freund, Malte, der am Hafen auf einer Werft arbeitet. Der hilft mir bestimmt, mich wieder seetauglich zu machen. Und außerdem ist Hamburg - für mich jedenfalls - eine der schönsten Städte der Welt."

Line, die bisher ungewöhnlich still die blühenden Felder der Lüneburger Heide bestaunt hatte, meldete sich zu Wort: „Wirklich? Was macht Hamburg denn so besonders?"

B-OB überlegte einen kurzen Moment, bevor er sagte: „Tja nun,... man sagt, Hamburg ist Deutschlands Tor zur Welt, und das, finde ich, merkt man auch.

Der Hafen ist einer der größten der Welt. Schon seit hunderten von Jahren kommen und gehen hier Menschen aller Herren Länder ein und aus.

Egal ob du am Sonntagmorgen auf dem Fischmarkt stehst oder morgens ein klebrig-süßes Franzbrötchen auf dem Weg zur Schule futterst, das Schietwetter stört nicht. In Hamburg gibt es nämlich kein schlechtes Wetter.

Hier freuen die Leute sich stattdessen über den Trompeter, der jeden Tag vom Turm des Michel spielt, oder leckere Tapas im Portugiesenviertel. Schaut mal. Wir kommen an!"

Vor den Dreien tauchte Hamburg auf. Mit großen Augen bestaunten Line und Benni den gewaltigen Hafen mit den riesigen Containerschiffen und hunderten Kränen, die alten Landungsbrücken und die funkelnagelneue Elbphilharmonie. Die Kinder wussten nicht, wohin sie zuerst schauen sollten.

Hamburger Wappen
Elbphilharmonie
Fischbrötchen
Hans Hummel

B-OB rollte langsam durch die Stadt. Benni kniff die Augen zusammen, um ein Straßenschild zu entziffern: „R-E-E-P-E-R-B-A-H-N... Hier ist ja was los! Und das um diese Uhrzeit! Was gibt es denn hier Besonderes, B-OB?"

B-OBs Außenspiegel erröteten leicht. Er stotterte ungewöhnlich unsicher: „Was? Reeperbahn...? Öh... gute Frage, ja, hach, schaut mal da! Der alte Elbtunnel!“ B-OB holte tief Luft und quetschte sich durch den alten, aber hellen Tunnel.

Am anderen Ende angekommen, rief B-OB: „Da sind wir! Blohm+Voss! Das ist eine der größten Schiffswerften der Welt. Hier arbeitet Malte. Mal schauen, wo er steckt.“
Er schaute sich um, während die Kinder ausstiegen und sich streckten. „Moin B-OB, alte Schietbüddel!“, erklang eine fröhliche Stimme hinter ihm.

Ein freundlich aussehender Mann mit struppigen rot-blonden Haaren schlurfte ihnen entgegen. „Was bringt dich denn in den hohen Norden? Ich habe dich eigentlich auf Tour in exotischeren Gefilden vermutet."

„Moin Malte!", donnerte B-OB zurück. „Wie schön, dich zu sehen! Weißt du, ich habe wohl etwas zu lange Pause gemacht."

Während B-OB Malte von seinen Problemen erzählte, bestaunten Line und Benni die gigantische Werft. Riesige Frachter lagen neben Kreuzfahrtschiffen und schnittigen Luxusjachten.

Plötzlich rief B-OB ihnen zu: „Kinder! Es sieht aus, als könnte Malte uns tatsächlich helfen."

„In der Tat!", strahlte Malte die beiden Kinder an. „B-OB hat mir gerade erzählt, wo der Schuh drückt. Ich habe da eine Idee. Ein reicher Scheich hat für eines seiner neuen Rennboote ein Teil doppelt bestellt und uns dagelassen. Wenn wir das gute Stück an B-OB gelötet bekommen, steht eurem Leben als Seebären nichts mehr im Wege!"

Malte wies B-OB den Weg in eines der großen Docks. „Wenn ich bitten darf, min Jung." B-OB lächelte dankbar und rollte in das Trockendock. „Na, da bin ich ja mal gespannt, was du mit mir vorhast", hörten die Kinder ihn noch sagen, bevor das Tor sich schloss.

Nach kurzer Zeit ertönten wilde Geräusche aus dem Inneren des Docks. Es hämmerte und quietschte, surrte und summte und boingte und zoingte.

Benni hatte es sich, um die Wartezeit zu verkürzen, mit seinem Buch bequem gemacht, und Line hatte ihre Weltkarte aus dem Rucksack geholt und markierte Länder, die sie noch besuchen wollte.

Plötzlich wurde es im Inneren der riesigen Schiffswerkstatt totenstill. Dann ertönte ein Geräusch, als ob jemand sämtliche Föns Hamburgs auf einmal angemacht hätte.

Die Tore des Docks schwangen auf und B-OB kam mit einem tosenden **SCHUUUUUUUUUUUUUU** herausgeschwebt. Dort, wo vorher seine Räder gesessen hatten, blähte sich nun ein schwarzes Luftkissen unter dem alten Wohnmobil auf. Ein riesiger Ventilator, der an B-OBs Heck befestigt war, blies ihn vorwärts.

B-OB strahlte die beiden Kinder stolz an und rief über das gewaltige Dröhnen hinweg: „Naaa? Hab' ich euch zu viel versprochen? Malte versteht sein Fach!"

Die Kinder starrten B-OB sprachlos an, als Malte hinter ihm erschien und ihnen zurief:

„Das ist das modernste Luftkissen, das momentan zu haben ist. Das Schöne ist, so könnt ihr nicht nur zu Lande, sondern auch über Wasser oder Sümpfe schweben. Kinder, springt doch auf, dann könnt ihr drei eine kleine Testfahrt durch den Hafen machen." Das ließen sich die beiden Freunde nicht zweimal sagen und hüpften an Bord.

B-OB hob sanft einige Zentimeter vom Boden ab und steuerte auf das Ufer zu. Line quietschte vor Vergnügen, als sie über das Wasser glitten.

Eine Hafenrundfahrt mit Hindernissen

Wie beflügelt drehte B-OB seine Runden durch die Hafenbecken - vorbei an den Landungsbrücken – einer der berühmtesten Sehenswürdigkeiten Hamburgs. Von hier beobachten täglich hunderte Touristen die Schiffe, die in den Hafen ein- und ausfahren.

Gerade wollten sie ihre Spritztour beenden und zu Malte zurückkehren, als der Himmel sich schlagartig verdunkelte.

Hinter ihnen ertönte ein ohrenbetäubendes Horn. Line, Benni und B-OB drehten sich um und erstarrten vor Schreck.

Ein gigantisches Containerschiff steuerte auf die Landungsbrücken zu und B-OB war mit seinen beiden Passagieren mitten im Weg.

„Festhalten!!! Ich muss ausweichen!", rief B-OB. Er ließ seinen Ventilator aufheulen und raste zur Seite. In letzter Sekunde surften sie auf der Bugwelle aus dem Weg.

B-OB schaute dem riesigen Schiff nach: „Das ist ja Isabella! Sie ist eines der größten Containerschiffe der Welt. Bestimmt hat sie uns nicht gesehen. Huhu, Isa, hier unten!"

„Etwas stimmt nicht!", schrie Benni über den Lärm hinweg:
„Was ist mit dem Schiff los?!? Es fährt in Schlangenlinien auf das Ufer zu!"

„Wir müssen etwas unternehmen!", rief Line „HEY DU RIESENSCHIFF! HALLOOO!", versuchte sie, die riesige Dame auf sich aufmerksam zu machen.

Auch B-OB wollte durch laute Rufe Isabellas Aufmerksamkeit erregen, doch nichts half:
„Was ist nur los mit ihr?", wunderte sich B-OB. „Wir müssen sie stoppen, bevor sie an Land kracht!"

Benni holte eine Zeitschrift aus seiner braunen Umhängetasche und rollte sie zu einem Megafon zusammen. Er rief so laut nach Isabella, dass Line sich die Ohren zuhalten musste. Noch immer änderte das Schiff seinen Kurs nicht, aber Benni hatte B-OB auf eine Idee gebracht.

Er rief Line zu: „Schnell! Kletter nach hinten! Im fünften Schrank links, drittes Fach von oben, sollte etwas liegen, was uns helfen könnte." Mit einem zackigen „Aye, aye, Käpt'n!" verschwand Line in B-OBs Innerem.

Benni hörte, wie sie herumwühlte. Nach kurzer Zeit tauchte sie mit einem uralten Schiffsnebelhorn in den Händen wieder auf. B-OB klappte währenddessen eine riesige Hupe aus.

„Perfekt!", sagte sie. „B-OB, ich halte das Nebelhorn an deine Hupe. Dreh die Lautstärke auf 11 und lass es krachen!"

B-OB holte tief Luft und hupte lauter, als er in seinem Leben je gehupt hatte. Über ganz Hamburg erklang „La Cucaracha".

Aufgeschreckt von dem lauten Gehupe erhob sich ein Schwarm Möwen von Isabella. Endlich reagierte sie und bremste.

Das Wasser brodelte um die Schiffsschrauben, die das Schiff mit aller Kraft zum Stehen brachten.

„Es hat funktioniert!", jubelte B-OB. Zur Feier des Tages ließ er nochmal seine Hupe ertönen.

Die Riesin beugte sich zu dem für sie ameisenkleinen Wohnmobil hinunter.
Eine gewaltige Stimme, die selbst B-OB wie ein Mäuschen klingen ließ, tönte durch den Hafen:

„B-OB, bist du das? Ich dachte doch, die Hupe kenn' ich. Danke, dass du die Möwen verscheucht hast. Um ein Haar wäre ich auf die Landungsbrücken aufgelaufen..."

B-OB sah Isabella besorgt an. „Gern geschehen", rief er. „Aber sag' mal, ist alles in Ordnung? Du bist doch sonst immer so geschickt! Und was hatte es denn überhaupt mit diesen Möwen auf sich?"

Isabella schaute beschämt zur Seite: „Tja, weißt du... immer, wenn wir in Hamburg ankommen, läuft meine Besatzung los und kauft sich eine riesige Ladung Franzbrötchen. Man sollte meinen, dass sie auf der langen Fahrt nach China nichts anderes essen.

Na ja, ... und dann hat unser neuer Schiffsjunge vergessen, die Fenster auf der Brücke zu schließen. Im Nu war alles voller Möwen, die uns die Franzbrötchen wegfuttern wollten. Wegen der ganzen Unruhe an Bord wurde ich dann etwas unaufmerksam. Aber zum Glück wart ihr ja da und habt uns aus der Patsche geholfen."

B-OB und die Kinder mussten kichern, als sie sich das Chaos auf der Brücke vorstellten. Da tauchte plötzlich ein alter Schlepper neben Isabella auf.

„Ach schaut, da ist ja schon meine Begleitung zum offenen Meer. Ich muss leider weiter. Diese Container liefern sich schließlich nicht von selbst aus."
Mit einem gewaltigen Hupen ihres Horns verabschiedete sich die riesige Dame von B-OB und den Kindern und dampfte die Elbe runter in Richtung China.

B-OB schaute ihr lächelnd nach, und sagte: „Tja, Leute, für uns geht es genau in die entgegengesetzte Richtung. Wir verabschieden uns noch von Malte, dann fahren wir die Elbc hoch bis Magdeburg. Da heißt es dann wieder Räder raus - und auf dem Landweg weiter nach Berlin.

Das liegt ganz im Ohne, äh, ich meine Osten Deutschlands. Da gibt es zwar nichts für mich zum Einbauen, aber was wäre eine Deutschlandreise ohne einen Halt in der Hauptstadt?"

Nach einer kurzen Kakaopause mit Malte, bei der ein paar Franzbrötchen natürlich nicht fehlen durften, rasten die drei Freunde auf dem neuen Luftkissen die Elbe entlang.
Bei Magdeburg sprang B-OB elegant aus dem Wasser, klappte die Räder wieder aus und fuhr entlang endloser Felder in Richtung Berlin.

1, 2, 3 - Berlin

„Da hinten seht ihr schon den Fernsehturm“, rief B-OB den Kindern zu, als sie sich Berlin, der Hauptstadt Deutschlands, näherten.

„Die Stadt wird euch gefallen mit dem Brandenburger Tor, den Museen und den vielen versteckten Spielplätzen! Angeblich kann man hier auch auf tolle Partys gehen, aber dafür seid ihr zu jung und ich zu alt, höhö.“

Mit großen Augen fuhren die Kinder mit B-OB durch Berlin. Benni hatte auf dem Weg in die Hauptstadt alles über deren Sehenswürdigkeiten gelesen.

Er war scharf darauf, die Mumien auf der Museumsinsel zu bestaunen, und auch das Computerspielemuseum hatte es ihm angetan.

Line wollte als Erstes auf den Fernsehturm. Egal wo sie auch war, wenn es einen Aussichtsturm gab, musste sie hinauf. Dann sollte es zum Badeschiff gehen, mitten auf der Spree Stand-up-paddeln und in Berlin-Mitte mit den Hipstern Bubble-Tea trinken.

B-OB erfüllte ihnen all ihre Wünsche, kam dabei aber ordentlich ins Schnaufen: „Huiuiui, ihr habt ganz schön Energie. Ich würde sagen, so langsam reicht's, was? Wir wollen ja noch ein gutes Stück weiter. Ich weiß schon, wo wir..."

„Ja, ja, sofort!", unterbrach ihn Line. „Ich will noch eben den Flohmarkt im Mauerpark besuchen!" B-OB war völlig aus der Puste. „Ok, aber jetzt kommt ihr bitte. Ich möchte nun wirklich weiter."

„Och, noch ganz kurz", bat Benni. „Ich will nur schnell den Teufelsberg besichtigen."

Die ganze Fahrerei durch die Großstadt schaffte B-OB ganz schön. „So, ...", stöhnte er zunehmend ungeduldiger, „...jetzt ist's aber genug. Ich habe euch nun schon zweimal höflich gebeten!"

Doch Line war viel zu aufgeregt, um zuzuhören, und redete einfach drauf los: „Ach, schau' mal Benni. Hier gibt's sogar eine Ringbahn. Wo man da wohl rauskommt, wenn man die nimmt...?"

B-OB hatte nun vollends genug und setzte ein unschlagbares Argument ein: „So, Freunde!", donnerte er mit ungewöhnlich ernstem Blick: „Ich zähle bis drei, und wenn ihr dann nicht aufgesprungen seid, dann aber... EINS, ...!"

Weiter brauchte B-OB nicht zu zählen. Schnell wie der Blitz sprangen die Kinder an Bord und die Fahrt konnte, wenn auch mit zwei schmollenden Gesichtern, weitergehen.

„Schön, dass euch Berlin so gut gefallen hat. Aber, glaubt mir, unser nächstes Ziel hat es mindestens genauso in sich."

Benni wurde neugierig: „Wo geht es denn hin? Spannender als Hamburg oder Berlin kann es ja kaum werden. Gibt es da auch Museen?"

B-OB lachte: „Museen? Nicht ganz. Wir lassen eure zarten Nasen mal wieder ein bisschen frische Luft schnuppern. Und an was für einer! Wir fahren nach Sachsen!

Ich will meinen alten Freund René besuchen. Der hat ein tolles Ersatzteillager und weiß Bescheid, dass wir kommen. Er wartet schon mit Blick auf die Bastei auf uns."

„Bastei?", unterbrach ihn Benni, „Das hört sich aber nicht nach Natur an. Eine Bastei ist doch Teil einer alten Festung. Was machen wir denn da?!"

B-OB lächelte anerkennend. „Da hast du zwar recht, aber die Bastei ist auch ein Felsen in einem wunderschönen Gebirge. Das nennt sich die Sächsische Schweiz und ist meiner Meinung nach eine der schönsten Landschaften der Welt. Wartet mal ab, das wird toll."

B-OB bog von der Hauptstraße ab und kämpfte sich über eine unbefestigte Straße. Er ächzte und rutschte, bis er plötzlich anhielt.

Hohe Türme und dicke Reifen

Steintürme wie aus einer vergessenen Zeit ragten in den Himmel. Eine alte Brücke verband die Felsen miteinander, als ob sie verschmolzen wären.

B-OB rief: „Daach René! Einen schwerer erreichbaren Treffpunkt hast du wohl nicht finden können, was?“ Ein stattlicher Mann mit kurzen Haaren und einem schiefen Grinsen drehte sich um.

Er begrüßte B-OB und die Kinder herzlich: „Daach B-OB! Du wirst doch auf deine alten Tage nicht noch bequem, oder?“ Er schnallte sich direkt einen riesigen Werkzeuggürtel um und zeigte auf seinen Reparaturwagen.

„Na, ich weiß schon, wie ich dich wieder auf Tour kriege. Es gibt ja keine schlechten Straßen, sondern nur falsche Reifen. Kinder, wir sind gleich wieder da.“

René führte B-OB hinter seinen Wagen und wieder hobelte und surrte, quietschte und fiepte, bohrte und klopfte es. Aber als B-OB wieder zu den Kindern rollte, sah er eigentlich aus wie immer.

Benni beäugte ihn skeptisch: „Na, und was habt ihr jetzt gemacht?!? Ich sehe ja gar keinen Raketenantrieb oder so. Woher kam denn der ganze Lärm?“

B-OB schmunzelte. Ohne ein Wort zu sagen, schloss er seinen Mund und pustete so feste, dass sich seine Wangen aufblähten.

Es machte gummihaft **PLOIOIOIOIOINK** und B-OBs Reifen wuchsen auf ihre dreifache Größe an.

Mit einem messerscharfen *ZINNNK* schossen aus den übergroßen Reifen Spikes heraus.

Durch ein metallisches **KALLLLONK** klappte unter der Stoßstange eine Seilwinde mit einem riesigen Haken herunter.

Mit seiner Geländeausrüstung sah B-OB so aus, als ob ihn kein Berg der Welt aufhalten könnte. Den Kindern klappten die Kinnladen herunter.

Nachdem B-OB sich die Tränen vor Lachen über die Gesichter der Kinder weggewischt hatte, sagte er: „Aaaahhh! Endlich wieder geländegängig. So langsam finde ich wieder zu alter Form zurück. Was meint ihr, Kinder? Wollen wir noch ein wenig diese unglaubliche Aussicht auf die Türme genießen und dann weiter Richtung **Seifensüden** fahren?"

Line hüpfte vor Aufregung auf und ab. „Ooooder wir springen an Bord und testen direkt mal deine Kletterausrüstung. Die Aussicht *von* den Türmen ist sicherlich noch unglaublicher als *auf* die Türme", grinste sie.

B-OB freute sich über Lines Begeisterung. „Eigentlich ist das eine tolle Idee, aber ich befürchte, diese Felsen sind nichts für mich altes Schwergewicht. Die sind nämlich aus Sandstein. Wenn ich versuche, mich da hochzuziehen, kann es sein, dass mein Haken direkt wieder herausbricht und das schöne Gestein zerstört. Ich muss leider den Spielverderber spielen."

Line war enttäuscht. „Dann wird das wohl nichts mit einem Abenteuer hier, was? Wo geht es denn als Nächstes hin?"

B-OB schaute sie verständnisvoll an. „Das tut mir auch sehr leid. Als Nächstes wollte ich euch München zeigen." B-OB hielt inne. „Moment mal! München? Na, von da ist es bis zu den Alpen ja auch nicht mehr weit! Dann testen wir die Ausrüstung einfach dort. Die Berge halten mich auf jeden Fall aus!"

Line und Benni jubelten. Ihrem neuen Freund René fröhlich zuwinkend ging die Fahrt weiter Richtung **Süden**, nach München.

Während Benni weiter sein Buch las, um sich die Zeit zu vertreiben, sprach B-OB Line an: „Du bist wirklich gerne unterwegs und probierst neue Dinge aus, was?“

Line lächelte: „Oh ja! Wenn es nach mir ginge, wäre ich jeden Tag woanders, um etwas Spannendes zu erleben.“

„Das merkt man“, schmunzelte B-OB. „Deine Begeisterung ist richtig ansteckend. Was würdest du denn am liebsten auf der Welt sehen?“

Lines Augen leuchteten. „Ich weiß gar nicht, wo ich anfangen soll. Ich wollte schon immer mal auf Hawaii surfen lernen. Und das höchste Gebäude der Welt, den Burj Khalifa in Dubai, würde ich auch gerne sehen. Oder den Amazonas-Fluss hinabfahren und Piranhas beobachten. Es gibt einfach so viel zu entdecken.“

B-OB lachte. „Na, da hast du dir ja einiges vorgenommen. Ich finde toll, dass du so offen bist und alles kennenlernen willst. Schaut mal, Kinder, wir kommen gerade nach Bayern. Das ist die Gegend, in der auch München liegt.“

Touristen und andere Spezis

Auf dem Weg nach München erklärte B-OB den Kindern: „Ganz viele Menschen auf der Welt denken bei Deutschland zuerst an die traditionellen Lederhosen und natürlich das Oktoberfest.

Die wissen oft gar nicht, dass all diese Dinge eigentlich hier aus Bayern kommen.
Die Leute hier sind wirklich sehr stolz auf ihre Art zu leben. Das kann ich auch gut verstehen, bei den gemütlichen Biergärten, dem leckeren Essen und den wunderbaren Landschaften.

Apropos leckeres Essen, wir kommen gerade an. Kommt, wir fahren zum Marienplatz und machen es uns dort gemütlich."

Das ließen sich die Kinder nicht zweimal sagen. Bei Obazda*, Brezeln und einer kühlen Spezi saßen die drei Freunde gemütlich in der Sonne.

Die Kinder bestaunten dabei die alten Gebäude und das Glockenspiel des Rathauses. An jeder Ecke reckten Touristengruppen aus aller Welt die Hälse und Kameras, um etwas von der Stadt zu sehen.

Plötzlich sprang eine sportliche junge Frau aus einem Haufen Touristen hervor und flitzte über den Marienplatz. „B-OB?!? Bist du das? Was machst denn du hier im schönen München?"

B-OB strahlte über das ganze Gesicht. „Resi?!? Wie schön, dich zu sehen!" Er erklärte den Kindern, dass Resi eine alte Freundin sei, die er bei einer Andenüberquerung in Peru kennengelernt hatte.

* Obazda ist eine bayrische Käsemischung, die super zur Brotzeit passt.
Wenn ihr mal in München seid, müsst ihr das probieren.

Marienplatz vor dem Neuen Rathaus

Dann erzählte er Resi, dass er und die Kinder eine Klettertour vorhatten. Sie war sofort Feuer und Flamme. „Aber das ist doch perfekt!“, rief sie B-OB entgegen.

„Ich bin gerade fertig mit meiner Führung. Wenn ihr noch ein Plätzchen frei habt, begleite ich euch gerne. Ich bin doch nicht nur Touristen-, sondern auch Bergführerin!“

Die Kinder freuten sich, eine so nette Reisebegleiterin gefunden zu haben. Gemeinsam ging es weiter zu den Münchner Hausbergen.

Bergziegen oder Steinböcke

Benni legte seinen Kopf weit in den Nacken: „Puh… da wollen wir wirklich hoch? Gibt es nicht einen kleineren Berg, an dem wir deine Ausstattung testen können?“, fragte er vorsichtig.

„Ach Spatzl!“, rief Resi Benni fröhlich zu. „Mit der richtigen Ausrüstung kommt ihr hier ganz locker hoch. Wo habt ihr denn eure Klettergurte?“ Line und Benni schauten überrascht aus der Wäsche. „Klettergurte?“, fragte Line. „Wir dachten eigentlich B-OB nimmt uns mit hoch…“

B-OB dachte kurz nach, dann sagte er: „Schaut doch mal bei mir hinten rein. Im vierten Regal links, neben dem Kamin, da müsste noch Kletterausrüstung liegen, die euch passen könnte.“

Er ließ seine Hintertür aufschwingen und die Kinder verschwanden in seinem Inneren. Benni machte ganz große Augen und murmelte: „Es ist wirklich viel größer hier drinnen, als es von außen aussieht….“

Nach einigem Gewühl tauchten die beiden wieder mit der passenden Montur auf.

Resi half den Kindern in ihre Klettergurte, während B-OB wieder mit einem **PLOIOIOIOIOINK**, *ZINNNK* und **KALLLONNK** seine Geländeausrüstung ausfuhr.

Er schoss einen seiner Haken die steile Felswand hoch und zog sich mit Hilfe seiner neuen Seilwinde hinauf. Line und Benni folgten Resi, die dem alten Wohnmobil flink hinterher kletterte.

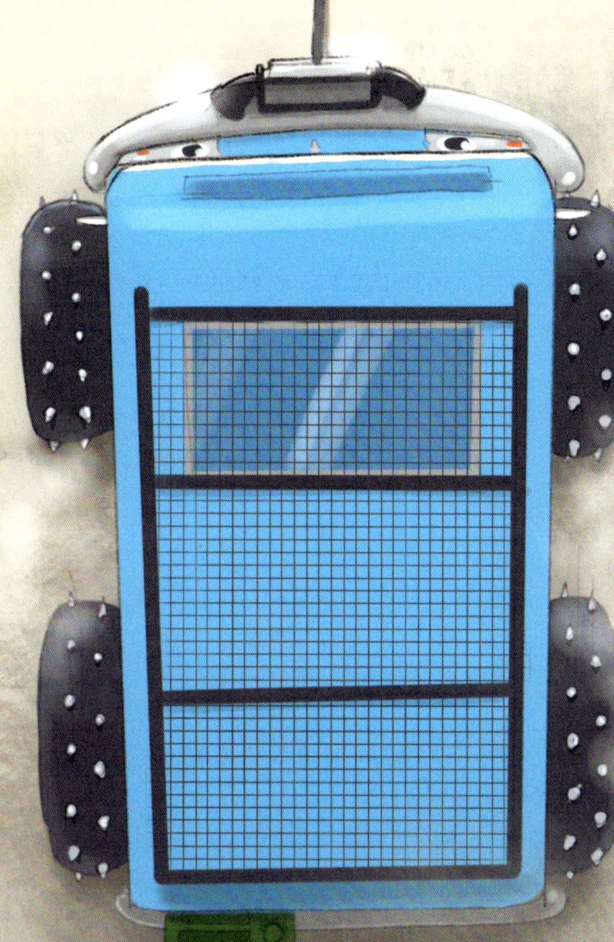

Line war im siebten Himmel. Sie kletterte unermüdlich die Wand hoch und freute sich über den weiten Blick über die schöne Landschaft.

Benni hingegen quälte sich den Berg hoch. Immer wieder guckte er nach oben, um zu schauen, wie lange er wohl noch klettern müsste.

Plötzlich rief Line: „Seht mal, da vorne! Eine Bergziege!"

Resi spähte in die Richtung, in die Line zeigte.

„Do legst di nieda!", rief sie erstaunt. „Des ist ka Beagziege, des ist a junger Oipenstoabogg* Die sind hier in der Gegend ganz selten. Obacht, Line, er klettert zu dir!"

*Damit meint Resi sicher einen ‚Alpensteinbock'. Manchmal kommt ihr bayrischer Dialekt doch ganz schön durch.

Tatsächlich hüpfte der junge Steinbock immer näher an Line heran und beäugte sie neugierig. „Hallo, mein kleiner Freund“, sagte Line und versuchte, das niedliche Tier zu streicheln.

B-OB, Resi und Benni schauten etwas angespannt zu, wie der Bock Line immer weiter auf die Pelle rückte. Auch Line selber wurde es ein wenig mulmig, als er anfing, an ihr zu schnuppern.

Als er dann noch an ihren Zöpfen knabberte, war ihre Geduld am Ende. Sie zeterte: „HEY! Du gehörntes Riesenhörnchen! Dir geht's wohl zu gut! Zähne weg, du Frechbock!“

Lines Empörung zeigte Wirkung. Der kleine Steinbock hüpfte tatsächlich ein paar Sätze nach oben. Die vier Freunde wollten gerade aufatmen, als das freche Tier anfing, an Lines Seil zu knabbern.

Nun brach endgültig Panik aus. B-OB hupte, während Resi mit den Armen fuchtelte, um den Steinbock zu verscheuchen – ohne Erfolg.

Plötzlich fiel Benni etwas ein, was er mal über Steinböcke gelesen hatte. Liebten die nicht Bergkräuter? Und hatte er nicht noch eine Tüte Salbeibonbons in seiner braunen Umhängetasche...?

Schnell kramte er in der Tasche. Tatsächlich! So laut er konnte, raschelte er mit der Tüte, um auf sich aufmerksam zu machen: „Hey du Bock! Schau mal, was ich für dich habe!"

Der Steinbock ließ von Lines Kletterseil ab, reckte die Nase in die Luft und schnupperte. Schnell hüpfte er zu Benni und ließ sich ablenken. Lines Seil war gerettet.

Da hörten sie von Weitem ein Blöken. Zwei große Steinböcke tauchten auf. Es waren die Eltern des kleinen Ausreißers, die nach ihm riefen.

Line winkte dem davonhüpfenden Bock hinterher: „Tschüss, du Vielfraß!". Dann drehte sie sich zu Benni um und sagte: „Danke für deine Hilfe! Ohne dich wäre es für mich ganz schön ungemütlich geworden."

Resi war auch schwer beeindruckt: „Also, des erlebt man nicht alle Tage. Ein toller Einfall von dir! Aber jetzt müssen wir wirklich weiter. Wir haben noch ein gutes Stück vor uns. Pack ma's!"

Geschickt kletterten Resi und Line weiter die Wand hinauf, während B-OB sich mit seiner Seilwinde den Berg hinaufzog.

Nur Benni musste sich weiter die steile Wand hinaufkämpfen. Er kraxelte stöhnend und meckernd ein gutes Stück hinter der Gruppe her.

„Wann sind wir denn endlich da?“, keuchte er. „Können wir die schöne Aussicht nicht auch im Schatten bei einer kühlen Spezi genießen?!? Das muss doch wirklich nicht sein...“

Mit diesen Worten erreichte er das Ende der Wand. Er zog sich über den Rand und blickte auf eine große Aussichtsplattform.

Tourbusse kamen an und fuhren ab. Leute saßen im Schatten und genossen die Aussicht bei einer kühlen Spezi. Es herrschte ein entspanntes Treiben.

Benni glaubte seinen Augen kaum. „Was?!?“, rief er empört. „Wir hätten hier auch hochfahren können?!?“ Er setzte sich auf eine Wiese. „Wir sind den ganzen Weg hier umsonst hochgeklettert?!?“

Er schaute ziemlich knatschig aus der Wäsche. Sein Gesicht hellte sich erst wieder etwas auf, als Resi mit einer Runde Spezi für alle ankam.

„Sieh's doch mal so", empfahl ihm Line, „der Weg war das Ziel. Wir wollten doch B-OBs neue Kletterausrüstung testen."

„Und außerdem", meldete sich B-OB zu Wort, „kannst du wirklich stolz auf dich sein. Du hast es nicht nur hier hoch geschafft, du hast unterwegs auch wieder einmal gezeigt, dass du in brenzligen Situationen einen kühlen Kopf bewahrst."

Benni nuckelte nachdenklich an seinem Strohhalm. Dann sagte er: „Ihr habt ja recht. Aber ich hoffe, dass wir zu unserem nächsten Halt fahren können. Mir reicht es für heute wirklich mit der Kletterei."

B-OB lachte: „Keine Sorge. Fürs Erste könnt ihr euch schön ausruhen. Jetzt Waschen wir uns mal richtig im Westen. Unser nächster Halt ist nämlich Frankfurt am Main. Da liegt der größte Flughafen Deutschlands. Vielleicht könnt ihr euch ja denken, was meine Freundin Hülya dort für mich auf Lager hat."

Line, Benni und B-OB verabschiedeten sich herzlich von Resi und die Reise ging weiter.

Wie beflügelt

Mit Schwung düste B-OB den Berg hinab. Während es sich die Kinder gemütlich machten, klappte B-OB still ein altes Segel aus. Ruhig ließen sie sich Richtung Frankfurt am Main treiben.

B-OB kicherte leise vor sich hin. „Was ist los?“, fragte Benni. „Och, ich musste nur an dein Gesicht denken, als wir auf den Berg geklettert sind. Du warst nicht gerade begeistert“, lachte das alte Gefährt.

Line musste auch lachen, während Benni die Stirn runzelte: „Na, ich bin halt nicht ganz so abenteuerlustig wie du oder Line.“ „Aber dafür bist du ein ganz schön kluger Kopf“, antwortete B-OB. „Es ist wirklich beeindruckend, wie du immer für alles eine Lösung parat hast.“

Benni freute sich über das Kompliment: „Danke schön. Ich lese wirklich gerne und finde es toll, alles über Tiere, die Natur und fremde Länder zu erfahren. Da kriege ich immer super Ideen.

Aber wenn ich ganz ehrlich bin“, lächelte er, „hat mir das Klettern im Nachhinein ganz gut gefallen. Irgendwie ist es schön, Abenteuer wie aus den Büchern auch in Wirklichkeit zu erleben, auch wenn sie mir manchmal erst im Nachhinein gefallen.“

B-OB und Line nickten zustimmend. Jetzt sahen die Kinder in der Ferne mehr und mehr Flugzeuge am Himmel. Line staunte: „Na, hier ist ja was los!“

„Ja“, pflichtete B-OB ihr bei. „Wir kommen gerade am Frankfurter Flughafen an. Von hier fliegen jeden Tag tausende Menschen in die ganze Welt.“

Die Kinder bestaunten die vielen Starts und Landungen, während B-OB auf einen Flugzeughangar zusteuerte. Es war das größte Gebäude, dass Line und Benni je gesehen hatten.

Davor stand eine Frau mit pechschwarzen Locken in einem Blaumann und strahlte sie an. Es war B-OBs Freundin Hülya.

„Ei Gude und Salam“, rief sie ihnen entgegen.* „Schön, dass ihr da seid. Gerade ist einer der Jumbos aus dem Hangar gerollt. Wir können also gleich anfangen, dich wieder flott zu machen.“ Die Freunde begrüßten Hülya. B-OB erklärte ihr, dass sie viel vorhatten. Er wollte unbedingt wieder in die Lüfte, um den Kindern die Welt richtig zeigen zu können.

Hülya hatte vollstes Verständnis für die Neugierde der Kinder. Sie war waschechte Frankfurterin und arbeitete dort als Fluggerätmechanikerin. Ihre Eltern kamen, lange bevor sie überhaupt auf der Welt war, aus der Türkei nach Deutschland.

„Wisst ihr“, sagte Hülya zu den Kindern, „ich liebe es, meine Großeltern in der Türkei zu besuchen. Für mich ist das Spannende, dass die Landschaft, das Essen oder die Kultur so ganz anders sind als in Deutschland. Gleichzeitig sind die wirklich wichtigen Dinge aber ähnlich. Es gibt hier wie da nette Leute, neugierige Kinder, viel zum Lachen und Spannendes zu entdecken.“

Dann warf sie noch mit einem Lächeln ein: „B-OB, wenn ich dich wieder flott gemacht habe, versprichst du mir aber, dass du den beiden auch irgendwann die Türkei zeigst.“

B-OB war gespielt empört: „Hülya! Du glaubst doch wohl nicht, dass ich bei Abenteuern in aller Welt die Türkei vergessen könnte? Wo sollte ich denn sonst meinen Baklava-Vorrat auffrischen?** “, lachte er.

* **Ei Gude** sagt man in und um Frankfurt für ‚Guten Tag‘. **Salam** bedeutet auf türkisch und arabisch ‚Hallo‘.

** **Baklava** ist ein unglaublich leckeres und süßes Gebäck aus der Türkei. Flüstert euren Eltern mal ins Ohr, dass ihr das unbedingt probieren müsst.

Hülya freute sich. „Sehr gut. Dann kommt mal rein in die gute Stube." Die drei Freunde folgten ihr in die gewaltige Halle.

B-OB rollte zu dem freien Reparaturplatz, wo sonst nur die größten Flugzeuge der Welt gewartet wurden. In der riesigen Halle sah er beinahe aus wie ein Spielzeugauto.

Hülya ging nachdenklich um B-OB herum. „Hmm…", überlegte sie. „Es wäre schon praktisch, wenn du keine lange Startbahn bräuchtest. Gleichzeitig müsstest du schnell genug sein, um rasch überall in der Welt hinzukommen. Ich glaube, ich habe da eine Idee. Sie ist etwas verrückt, aber wir versuchen es."

Sie machte sich ans Werk. Wieder einmal wurde an B-OB herumgeschraubt, geschweißt und gehämmert. Dann war Hülya endlich fertig. Sie war völlig ölverschmiert. Erschöpft, aber zufrieden forderte sie B-OB auf, seine neue Ausrüstung auszuprobieren.

B-OB rollte hinaus auf den Platz vor dem großen Hangar. Er schloss die Augen und mit einem prächtigen **WUUUSSSCHHH** entfaltete er seine neuen Flügel.

Es waren aber keine normalen Flugzeugflügel, die B-OB da ausgebreitet hatte. Sie waren geformt wie die Schwingen eines Adlers. Sogar Federspitzen waren an den Enden zu erkennen. Entlang der Flügel saßen zwei große Propeller für maximale Geschwindigkeit.

Hülya erklärte ihm, wie er seine neuen Flügel benutzen konnte. „Wie du siehst, habe ich mir einiges bei Vögeln abgeschaut. Die brauchen ja auch keine lange Startbahn, um in die Luft zu kommen.

Mit meiner Erfindung stellst du einfach deine Propeller waagerecht wie ein Hubschrauber und hebst ab. In der Luft drehst du sie dann wieder nach vorne und ab geht die Post."

B-OB war begeistert. Er bedankte sich bei Hülya. „Vielen Dank, meine Liebe. Endlich bin ich wieder bereit für große Reisen in ferne Länder. Mir juckt's schon richtig in den Reifen."

Line und Benni freuten sich auch. Endlich konnte es losgehen. Sie hüpften an Bord. „Dann zeig mal, was du kannst!", rief Line.

Hülya ermutigte sie. „Ja, los! Ich will auch mal sehen, ob diese neuen Flügel wirklich funktionieren. Aber lieber von hier unten." Sie schaute in die drei erstarrten Gesichter der Freunde. „Das war natürlich ein Witz. Los jetzt, ihr drei Zuggerschneggsche! Dreht mal eine kleine Runde!"

B-OBs Propeller stellten sich waagerecht und er rief: „Meine sehr geehrten Damen und Herren, hier spricht Ihr Kapitän, B-OB. Bitte schnallen Sie sich an, halten Sie sich gut fest und lassen Sie um Himmels Willen die Türen geschlossen!"

Sanft hob B-OB vom Boden ab.

Die Flugstunde

Schon nach kurzer Zeit hatte B-OB gelernt, wie er seine Flügel bewegen musste. „Gut festhalten! Es geht los!“, rief er, stellte seine Propeller senkrecht und drückte auf die Tube.

B-OB stieg so hoch er konnte, damit Line und Benni die Aussicht genießen konnten. Sie staunten über die Skyline von Frankfurt mit ihren Hochhäusern und bewunderten den Ausblick auf den Taunus.

Hochzufrieden segelte B-OB eine Kurve nach der anderen. Er freute sich diebisch über die erschrockenen Gesichter der Kinder, als er sogar einen Looping wagte.

Nach einer Weile rief er ihnen zu: „Jetzt haben wir aber genug getestet. Es wird langsam Zeit, dass ich euch nach Hause bringe. Wir sagen nur schnell Hülya noch ‚tschüss'."

Er drehte bei und flog wieder auf den Flughafen zu, als aus dem Nichts ein gigantisches Flugzeug haarscharf an ihnen vorbeirauschte.

Der gewaltige Jumbo-Jet war im Anflug auf die Landebahn. B-OB schaffte es in letzter Sekunde, sich und die Kinder zur Seite zu retten, als schon das nächste Flugzeug auf sie zuraste. Es war gerade gestartet und stieg in den Himmel - genau auf sie zu.

Wieder drehte B-OB hart bei und befand sich abermals im Weg einer Maschine. B-OB rief den Kindern, während er seine Position hielt, zu: „Wir sind zwischen den Start- und Landebahnen gefangen. Wir müssen uns irgendwie in die Landungen einreihen, sonst kommen wir nie aus dem Verkehr heraus!"

Er versuchte sich hinter die landenden Flugzeuge einzureihen, aber es waren zu viele. Kaum war eines am Boden, kam mit lautem Getöse schon die nächste Maschine angedonnert.

„Wie wäre es, wenn wir den Tower kontaktierten?", schrie Benni. „Der müsste uns doch eine Landeposition geben können."

„Tolle Idee!", schnaufte B-OB. Es knisterte und knackte in seinem Funkgerät, als plötzlich eine mechanische Stimme ertönte:

„Willkommen bei der Start- und Landehotline des Flughafen Frankfurt. Bitte drücken Sie die ‚Eins' für alle Angelegenheiten rund um Starts ..."

B-OB und die Kinder stöhnten auf.

„Komm schon...!", ärgerte sich Line, während die Stimme weitersprach: „... drücken Sie die ‚Zwei' für Angelegenheiten betreffend Landungen." Line hämmerte schnell auf die Zwei.

Eine gelangweilte Stimme ertönte am anderen Ende: „Tower Frankfurt. Abteilung für Landungen, Bruchlandungen und Abstürze. Mein Name ist Günther Lame, wie kann ich Ihnen he..."

Line unterbrach Herrn Lame ungeduldig: „Jetzt hören Sie mir mal zu, guter Mann! Wir ziehen schon eine ganze Weile hier unsere Runden. Ich zähle jetzt bis drei.Wenn Sie uns bis dann nicht einen Landeplatz zugeordnet haben, dann aber...EINS!"

Am anderen Ende der Leitung wurde es eine Sekunde lang still. Dann knackte es, und Günther Lame sprach mit ordentlich Zack in der Stimme:

„Verstanden, fremdes Flugobjekt. Wir haben einen freien Platz hinter dem Ferienflieger aus Finnland, der da gerade erscheint. Happy Landing und einen schönen Tag noch."*

Benni und B-OB lachten bewundernd über Lines Durchsetzungsvermögen, als sie zur Landung ansetzten und zu Hülyas Hangar rollten.

Sie verabschiedeten sich mit einer festen Umarmung, bevor B-OB, Line und Benni sich wieder auf in die Lüfte in Richtung Heimat machten.

*Hier haben wir etwas übertrieben. In Wirklichkeit sind Fluglotsen richtig auf Zack. Ihre Arbeit im Tower ist einer der schwierigsten Berufe, die es gibt.

Richtige Weltenbummler

B-OBs Motoren brummten leise, während sich unter den drei Freunden Deutschland erstreckte. Lange Autobahnen schlängelten sich durch die Landschaft, die immer wieder von kleineren Dörfern und Städten unterbrochen war.

Aus dem Nichts tauchten zwei gewaltige Türme vor ihnen auf. B-OB freute sich: „Wow! Meine neuen Flügel sind wirklich schneller als die alten. Wir sind ja schon über Köln. Das ist der Kölner Dom. Das Rheinland ist wirklich eine besondere Gegend.

Hier liegen Köln und Düsseldorf, zwei weltberühmte Karnevalshochburgen. Da wird sich fast eine ganze Woche lang verkleidet. Am Rosenmontag regnet es nur so Kamelle, also

Bonbons, wenn ‚de Zoch kütt'.* Ich habe eine Idee! Warum machen wir nicht eine kurze Pause und stärken uns mit einem ‚Halven Hahn'?"

Line schüttelte sich: „Ein halber Hahn?!? Igitt. Nee, danke. Können wir uns nicht eine Pizza holen? Ich will wirklich lieber keine Tiere essen!"

B-OB lachte auf. „Ha! Keine Sorge. Einen ‚halven Hahn' nennt man in Köln ein Roggenbrötchen mit leckerem Käse. Klingt das vielleicht besser?" Die Kinder stimmten sofort zu, und der Flug ging entspannt mümmelnd weiter nach Hause.

* ‚de Zoch kütt' bedeutet auf Rheinisch soviel wie ‚Der Zug kommt'.
Damit ist der Karnevalsumzug gemeint, der am Rosenmontag durch die Städte zieht.

Sie erreichten das Feld, auf dem ihr Abenteuer begonnen hatte, genau so plötzlich, wie sie es verlassen hatten. Noch immer war es wirklich ein ganz wunderbar angenehmer Tag. Aber etwas hatte sich verändert.

Für Line lag keine Spur von Langeweile mehr in der Luft. Im Gegenteil. Die ganze Welt, auch ihr lauschiges Plätzchen im Schatten des großen Apfelbaumes, schien aufregend.

Sie musste daran denken, wie sie geglaubt hatte, eine Reise durch Deutschland sei öde. Die Tour mit B-OB hatte ihr jedoch gezeigt, dass jeder Ort spannend sein konnte. Man musste ihn nur mit offenen Augen und einer gesunden Portion Neugier besuchen.

Benni freute sich auf seine Bücher und etwas Ruhe. Er stellte allerdings überrascht fest, dass auch er bald wieder ein Abenteuer erleben wollte. So konnte er das, was er aus seinen Büchern kannte, wirklich kennenlernen.

Sie sahen zu B-OB auf, der sie still beobachtete. Line sprach zuerst:
„Also, versprochen, ja? Du nimmst uns mit um die Welt und machst uns zu richtigen Weltenbummlern!“

B-OB ließ sich unter dem Apfelbaum nieder und schaute über die Felder auf die untergehende Sonne. „Natürlich. Das tue ich wirklich gerne. Aber Weltenbummler, das seid ihr doch schon längst.“

Benni unterbrach ihn: „Wie meinst du das? So richtig haben wir doch bis jetzt nur Deutschland erkundet. Wie sollen wir denn da schon Weltenbummler sein?“

„Na, weißt du“, antwortete B-OB ihm sanft, „nicht jeder, der einfach von einem Land zum nächsten eilt, ist auch ein Weltenbummler.

Ich finde, da gehört schon ein bisschen mehr dazu.
Offenheit und Wissensdurst zum Beispiel. Mut, aufzubrechen und Fremden mit Freundlichkeit zu begegnen. Der feste Glaube, dass am Ende alles gut wird.

Dabei ist es eigentlich egal, ob man sich auf eine Weltreise wagt oder sich traut, eine verbotene Scheune im Wäldchen nebenan zu erkunden. Ihr seid doch schon weltoffen und abenteuerlustig.

Wenn ihr also nicht schon jetzt richtige Weltenbummler seid, dann weiß ich auch nicht."

B-OB schwieg und schaute der untergehenden Sonne nach.

Die ganze Welt wartete auf die neuen Freunde.

Die drei Weltenbummler freuten sich auf sie.

ENDE

Coddiwompeln in Deutschland

Mit diesen Eselsbrücken findest du immer deinen Weg:

Nie **o**hne **S**eife **w**aschen
Norden **O**sten **S**üden **W**esten

Wenn du dir jetzt noch dieses Gedicht merkst:

*„Im **Osten** geht die Sonne auf.*
*Im **Süden** nimmt sie ihren Lauf.*
*Im **Westen** wird sie untergehen.*
*Im **Norden** ist sie nie zu sehen."*

...kannst du sogar mit Hilfe der Sonne die Himmelsrichtungen bestimmen.

So hätte dieses Buch noch heißen können:

Nicht **o**hne **S**trümpfe **w**andern

Neun **O**chsen **s**aufen **W**asser

Das ist für unsere drei Weltenbummler typisch deutsch. Hast du noch Ideen?

Für die Produktabbildungen wurden keine Gegenleistung erbracht.

Liebe Eltern,

Wir hoffen, euch hat das Vorlesen Spaß gemacht, und auch ihr habt vielleicht nebenher das ein oder andere Neue über Deutschland erfahren.

Auch wenn wir für unser Leben gerne um die Welt reisen und fremde Länder entdecken, so freuen wir uns jedes Mal aufs Neue, wenn wir auf Erkundungstour durch Deutschland gehen. Wir haben schon in vielen Teilen Deutschlands gewohnt und sind immer wieder begeistert von der Vielseitigkeit unseres Landes. Dieses Gefühl wollten wir Kindern mit diesem Buch gerne vermitteln.

Unser Ziel ist es, eine Abenteuergeschichte für jedes Land der Welt zu schreiben.
B-OB Coddiwomple und die Weltenbummler Kids bringen so nach und nach die ganze Welt in jedes Kinderzimmer.

Viel Spaß beim Coddiwompeln,

Stephi & Ben

Was uns bei der Entwicklung unserer Geschichten wichtig ist:

Abenteuerlust

Unsere Bücher sind unterhaltsame Abenteuer voller Spaß und Spannung. Sie sind KEINE pädagogischen Lernbücher und KEINE Reiseführer für Kinder. Egal, ob der Leser einen Bezug zu dem Land hat oder nicht, die Abenteuer sind für jeden geschrieben.

Weltoffenheit

B-OB Coddiwomple und die Weltenbummler Kids bringen die Welt in alle Kinderzimmer. Durch kleine Details im Text und die Illustrationen erfahren Kinder und Eltern ganz nebenbei viel Spannendes über die verschiedenen Länder. Auf diese Weise entdecken sie gemeinsam die Welt.

Optimismus

Unsere Bücher machen Spaß und bringen ihre Leser zum Schmunzeln. Egal wie aussichtslos die Situation erscheint, die drei Weltenbummler sehen das Positive und wissen, dass sie immer eine Lösung finden werden. Denn am Ende wird immer alles gut, sonst ist es nicht das Ende.

Eltern-Kind-Zeit

Unsere Bücher sind Vorlesebücher mit vielen Bildern, denn sie sollen Eltern und Kinder gemeinsam in bekannte und fremde Welten eintauchen lassen. Dabei ist uns wichtig, dass sowohl Groß als auch Klein unsere Bücher lieben. Auch wenn sie in erster Linie für Kinder im Alter von 3-10 Jahren gedacht sind, sind sie somit im Grunde von 0-99 Jahren geeignet.

Wer wir sind:

Wir sind Stephi und Ben, die Gründer vom Weltenbummler Kids & Company Verlag. Unsere große Leidenschaft ist das Reisen mit unseren drei Kindern - am liebsten in unserem B-OB, den es nämlich tatsächlich gibt.

Als klar wurde, dass wir wieder eine längere Reise machen und Berlin und unsere Jobs verlassen würden, dachten wir: ‚Jetzt oder nie!' Wir nutzten die Weltreise, um die Idee reifen zu lassen, und gründeten - zurück in Deutschland - kurzerhand einen Verlag. Ben schreibt die Bücher und Stephi entwickelt passend dazu Reisezubehör für kleine und große Weltenbummler.

Wie alles begann:

Die Idee für die Buchreihe *„B-OB Coddiwomple und die Weltenbummler Kids"* entstand 2015, als der beste Freund unserer Tochter Maya von Berlin nach Abu Dhabi zog, als sie 3 Jahre alt war. Sie hatte keinerlei Vorstellung davon, wo ihr Freund nun lebte.

Wir suchten nach passenden Kinderbüchern über fremde Länder, fanden aber keine. Am Ende saßen wir vor der Google Bildersuche und dachten, dass dies doch auch kindgerechter gehen müsste. Die Idee für eine Buchreihe mit einem Buch pro Land war geboren.

Natürlich haben wir unsere Freunde in Abu Dhabi besucht, und, wie der Zufall es will, sind sie, genau als wir den Verlag 2020 gegründet haben, wieder ganz in unsere Nähe gezogen – dabei wohnen wir mittlerweile nicht mehr in Berlin, sondern im schönen Münsterland. Zufälle gibt es ...

Ben Wallenborn - Autor

Dies ist Bens erstes Buch. Frei nach Astrid Lindgren hat er es noch nie vorher versucht, also war er sich völlig sicher, dass er es schafft. Er hat den Sprung ins kalte Wasser gewagt, um seine Liebe zu Büchern und Geschichten zu seinem Beruf zu machen.

Filip Lazurowicz - Illustrator

Filip wohnt mit seiner lieben Frau Maja bei Kattowitz in Polen. Er hat seine Leidenschaft für das Malen schon früh entdeckt und liebt es, für Kinder zu illustrieren. Außerdem verbringt er gerne Zeit in der Natur und malt wunderschöne Landschaftsbilder.

Danke!

...Stephi für einfach alles. Ohne dich gäbe es dieses Buch nicht.

...Maya, Ella & Finn für eure Geduld, die tollen Ideen und dafür, dass ihr B-OBs erste Fans seid.

...Papa für deine Hilfe, die unzähligen Kommas und dafür, dass du immer für uns da bist.

...Mama für das Ermutigen, die positiven Gedanken und das Vorbild.

...Ulla & Werner für die Unterstützung und all eure Hilfe über die letzten Monate.

...Filip für die wunderbaren Illustrationen. Du hast unsere Ideen zum Leben erweckt.

...Maja, für deine Geduld mit Filip und ein wunderbares Abendessen in Polen.

...Dennis, dafür, dass für dich von Anfang an klar war, dass es dieses Buch geben wird.

...Elfie, dass du als Erfinderin unserer Kindheitsidole an uns glaubst, bedeutet uns unglaublich viel.

...den lieben Unterstützern unserer Crowdfunding-Kampagne.

...Caro & Janine, für die didaktische Reduktion und eure konstruktive Kritik.

...Toni, Suse, Cici, Jörg, Anne, Jule, Steffi, Moe, Jasmin, Chrissie, David, Nadine, Tim, Lena, Malte, Dani, Nika, Eva, Ulli, Regis & Nina für euer Feedback und die liebe Unterstützung.

...unseren Instagram-Followern für's Mitfiebern, all die ermutigenden Worte und Hilfe bei Fragen.

Apropos Instagram:

Unter **@weltenbummlerkids** geben wir auf Instagram jeden Sonntagabend Einblicke in unser Familien- und Arbeitsleben . Wir zeigen offen und ehrlich unsere Höhen und Tiefen bei der Unternehmensgründung mit drei kleinen Kindern. In den Ferien reisen wir im Auftrag unserer Bücher und posten tägliche „Mitreise-Stories".

Auf unserer Internetseite **www.weltenbummlerkids.de** findest du einen Shop für Bücher und Reisezubehör und einen Blog mit Tipps & Tricks zum Reisen mit Kindern.

Weitere Abenteuer von

und die Weltenbummler Kids

findest du unter **www.weltenbummlerkids.de**

Der Schatz des Trollkönigs
Ein Abenteuer in Schweden

Wer ist in die Schatzkammer des Königs von Schweden eingebrochen und hat die Nobelmedaillen gestohlen? Und wieso liegen in der Schatzkammer eigentlich Süssigkeiten?

Um dies herauszufinden, begeben sich BOB Coddiwomple und die Weltenbummler Kids auf ein Abenteuer, das sie kreuz und quer durch Schweden führt.

Die sieben Gauchos
Ein Abenteuer in Argentinien

Wieso nimmt ein Pinguin-Forscher an einem Rodeo teil? Und was hat ein Bergführer in der Wüste verloren? Da hat doch sicher wieder BOB Coddiwomple seine Finger im Spiel.

Reise mit BOB und den Weltenbummler Kids nach Argentinien und entdecke einen etwas anderen ‚Wilden Westen'.

Kunst in Gefahr
Ein Abenteuer in Frankreich

Wusstest du, dass BOB Coddiwomple eine beste Freundin hat? Sie heißt Claire und wohnt in Paris, der Hauptstadt von Frankreich. Und jetzt gerade bräuchte BOB wirklich dringend ihre Hilfe.

Die Kunstschule des sympathischen Didier soll abgerissen werden und nur Claire kann das noch verhindern.
Das Problem ist, sie ist unauffindbar.

Die Suche nach den Großen Fünf
Ein Abenteuer in Botswana

In ganz Botswana verschwinden die schönsten Tiere des Landes spurlos! Eine geheimnisvolle Verbrecherbande scheint ihr Unwesen zu treiben, und die Tiere zu stehlen.

Die beiden Kinderdetektive Bonty und Thobo sind auf einer heißen Spur, um die Tiere zu retten. Zusammen mit Line, Benni und BOB verfolgen sie die Bande durch ganz Botswana. Wird es ihnen gelingen, den Banditen das Handwerk zu legen?

Das Kanonenkugel-Rennen
Ein Abenteuer in den USA

Hast du schon von dem geheimnisvollen Kanonenkugel-Rennen gehört? Das ist ein Autorennen, an dem nur die mutigsten Abenteurer und Abenteuerinnen der USA teilnehmen dürfen. Und natürlich BOB.

Steig auch du ein und entdecke mit Line, Benni und BOB die Sümpfe Floridas, den Großstadt-Dschungel von New York, eine Wüste in Texas und noch viele weitere aufregende Orte.

Der verschwundene Zauberer
Ein Abenteuer in Großbritannien

Was, wenn ein Zauberer zu gut zaubert? Was, wenn er so gut zaubert, dass sein Gehilfe spurlos verschwindet? Diesem und vielen anderen Geheimnissen gehen BOB Coddiwomple und die Weltenbummler Kids bei ihrem Abenteuer in Großbritannien auf den Grund. Untersucht gemeinsam Spukschlösser in Wales, Alien-Landeplätze in England und ... Ist das im Nebel etwa das berühmte Monster von Loch Ness?!

Das Geheimnis der vier Tempel
Ein Abenteuer in Vietnam

Ein Einhorn mit Drachenkopf? Ein Zugraub? Ein geheimnisvoller Dieb? Viel verrückter kann eine Reise nach Vietnam kaum beginnen, aber das ist mal wieder typisch BOB Coddiwomple.
Als Line, Benni und BOB nach Vietnam reisen, entdecken sie, dass vier wertvolle Schätze spurlos verschwunden sind.
Eine aufregende Verfolgungsjagd beginnt - von den Reisfeldern im Norden bis zum gigantischen Mekong-Fluss im Süden.

Die Maske des Jaguars
Ein Abenteuer in Mexiko

Ein Junge auf der Suche nach Mut.
Eine legendäre Maske.
Ein schattenhafter Bösewicht.
Begleite BOB Coddiwomple und die Weltenbummler Kids auf ihrem wilden Abenteuer. Diesmal geht es kreuz und quer durch das aufregende Mexiko mit Klippensprüngen, der Rettung eines Wal-Babys und ... bunten Totenköpfen?

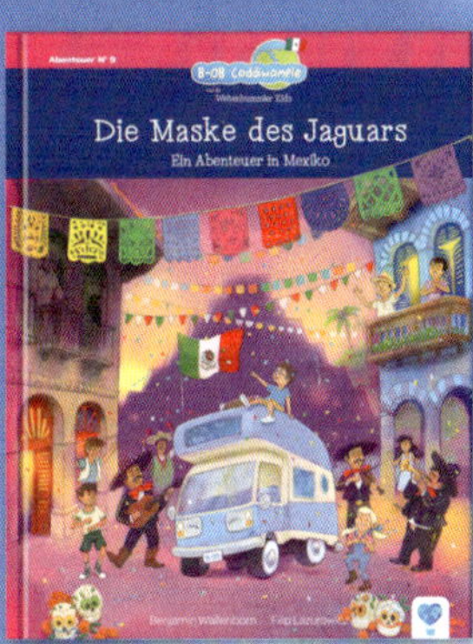

Briefe von BOB

Abenteuerpost von BOB
Persönliche Briefe an dich!

BOB erlebt Abenteuer an den mysteriösesten Orten der Welt - und du bist live mit dabei. Löse kniffelige Rätsel, werde Meister-Kartenleserin oder -leser und hilf BOB dabei eine wichtige geheime Botschaft zu entschlüsseln.
Melde dich an unter www.weltenbummlerkids.de

Düsseldorf
Köln
Frankfurt am Main
Frankfurt Airport
B-OB
Sächsische Schweiz
München